Impressum
Verlag: BABADADA GmbH, Nedderfeld 112 , 22529 Hamburg
Geschäftsführer / Verlagsleitung: Harald Hof
Druck: Books on Demand GmbH, In de Tarpen 42, 22848 Norderstedt

Imprint
Publisher: BABADADA GmbH, Nedderfeld 112 , 22529 Hamburg, Germany
Managing Director / Publishing direction: Harald Hof
Print: Books on Demand GmbH, In de Tarpen 42, 22848 Norderstedt, Germany

Schule
iskola

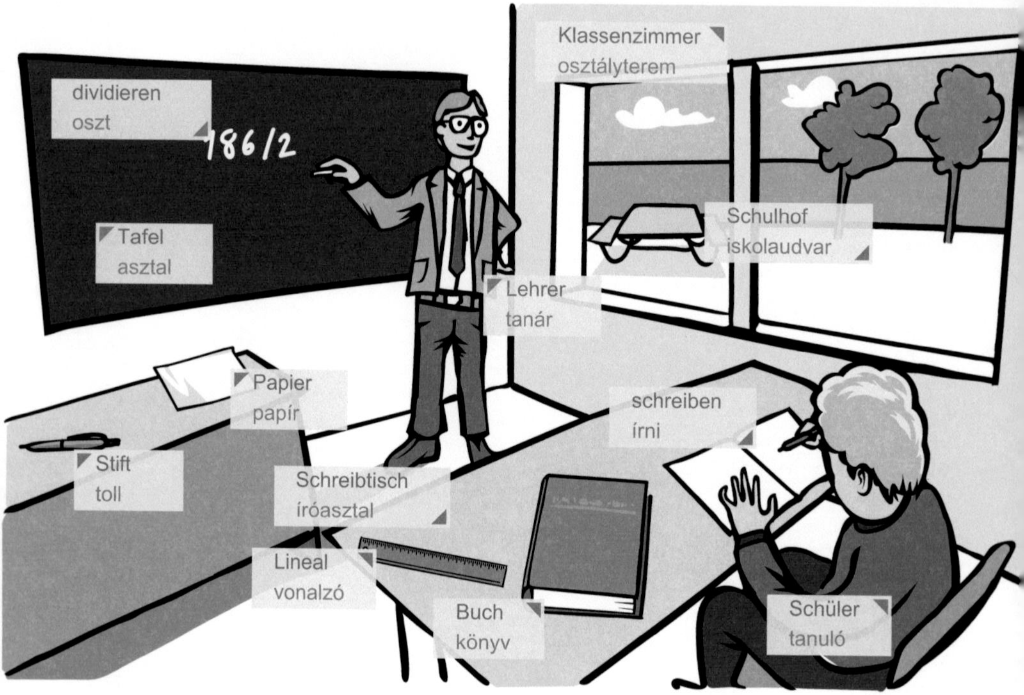
Klassenzimmer
osztályterem
dividieren
oszt
186/2
Tafel
asztal
Schulhof
iskolaudvar
Lehrer
tanár
Papier
papír
schreiben
írni
Stift
toll
Schreibtisch
íróasztal
Lineal
vonalzó
Buch
könyv
Schüler
tanuló

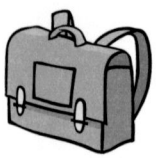

Schultasche
iskolatáska

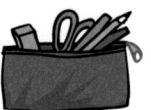

Federmappe
tolltartó

Bleistift
ceruza

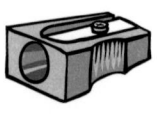

Bleistiftspitzer
ceruzahegyező

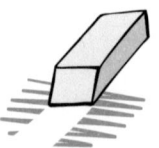

Radierer
radír

Zeichenblock
rajzfüzet

Zeichnung

rajz

Pinsel

ecset

Malkasten

festőkészlet

Schere

olló

Klebstoff

ragasztó

Übungsheft

munkafüzet

Hausübung

házi feladat

Zahl

szám

addieren

összead

subtrahieren

kivon

multiplizieren

szoroz

rechnen

számol

Buchstabe

betű

Alphabet

ABC

Wort

szó

Text

szöveg

lesen

olvasni

Kreide

kréta

Unterrichtsstunde

tanóra

Klassenbuch

napló

Prüfung

vizsga

Zeugnis

bizonyítvány

Schuluniform

iskolai egyenruha

Ausbildung

oktatás

Lexikon

enciklopédia

Universität

egyetem

Mikroskop

mikroszkóp

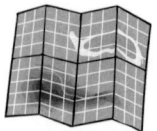

Karte

térkép

Papierkorb

papír-hulladék gyűjtő

Reise
utazás

Hotel
hotel
Grand
Herberge
szállás
ROOMS
EXCHANGE
Wechselstube
valutaváltó iroda
Koffer
bőrönd
Auto
autó

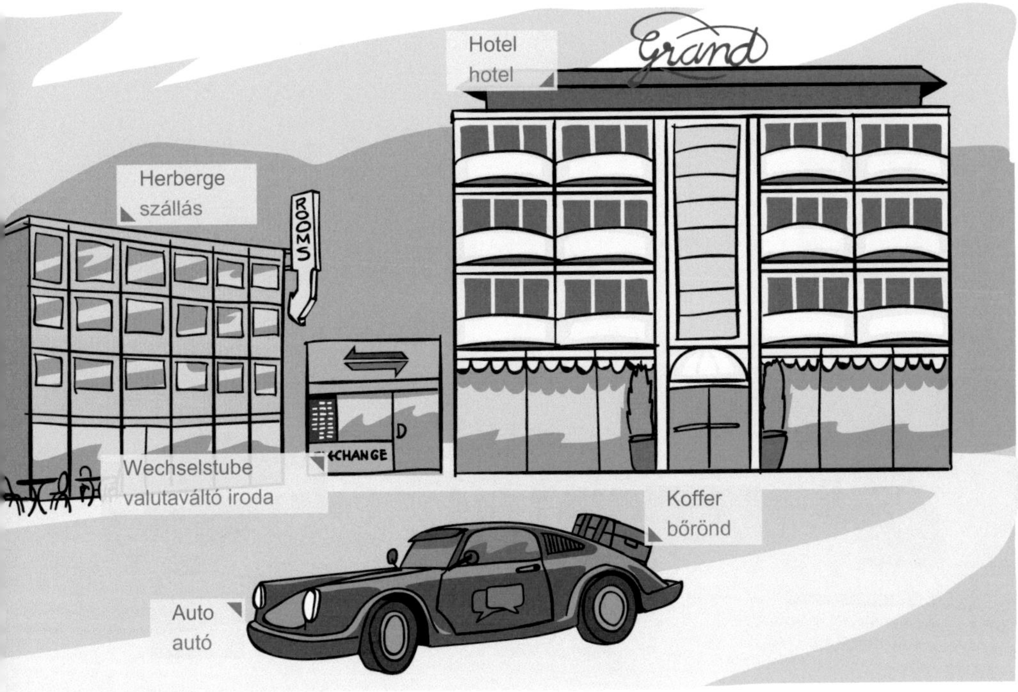

Sprache
nyelv

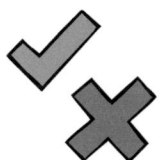

ja / nein
igen/nem

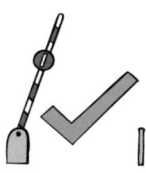

Okay
rendben

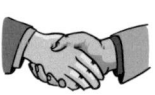

Hallo
szia

Dolmetscherin
fordító

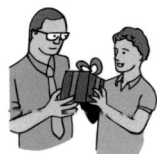

Danke
köszönöm

Wie viel kostet …?

mennyibe kerül…?

Ich verstehe nicht.

nem értem

Problem

probléma

Guten Abend!

Jó estét!

Guten Morgen!

jó reggelt!

Gute Nacht!

jó éjszakát!

Auf Wiederschaun!

viszontlátásra

Richtung

útirány

Gepäck

poggyász

Tasche

táska

Rucksack

hátizsák

Gast

vendég

Zimmer

szoba

Schlafsack

hálózsák

Zelt

sátor

Touristeninformation

turista információ

Strand

strand

Kreditkarte

hitelkártya

Frühstück

reggeli

Mittagessen

ebéd

Abendessen

vacsora

Fahrkarte

jegy

Lift

lift

Briefmarke

bélyeg

Grenze

határ

Zoll

vám

Botschaft

nagykövetség

Visum

vízum

Pass

útlevél

Transport
közlekedés

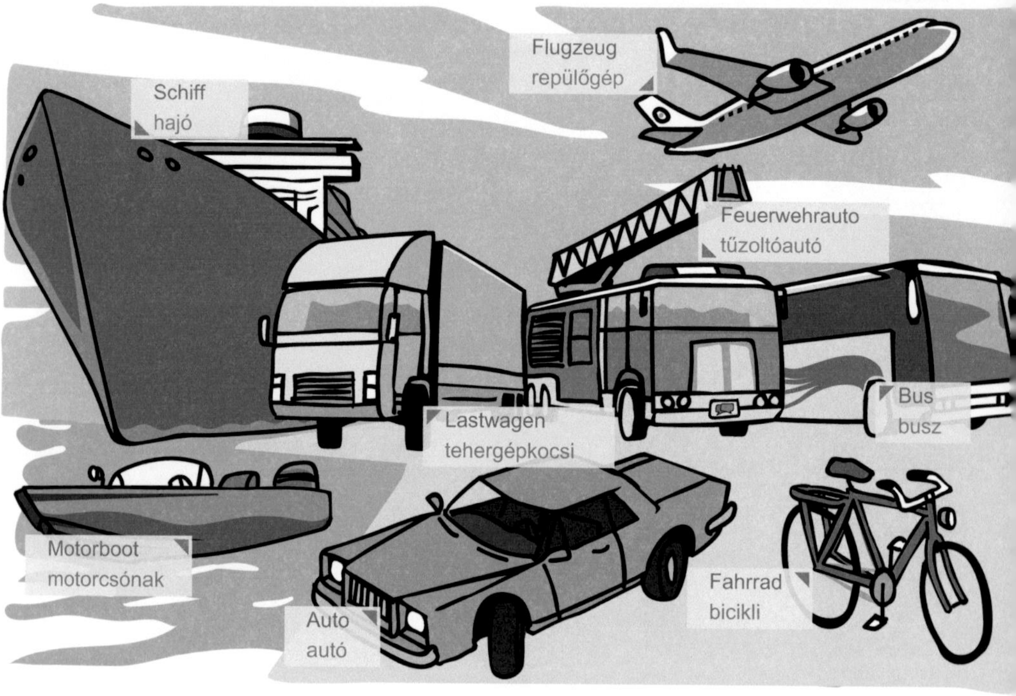

Flugzeug
repülőgép
Schiff
hajó
Feuerwehrauto
tűzoltóautó
Lastwagen
tehergépkocsi
Bus
busz
Motorboot
motorcsónak
Fahrrad
bicikli
Auto
autó

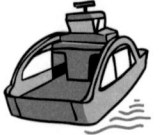

Fähre

komp

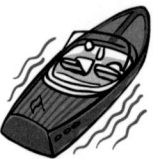

Boot

csónak

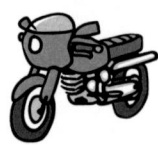

Motorrad

motorkerékpár

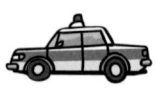

Polizeiauto

rendőrautó

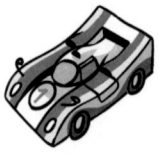

Rennauto

versenyautó

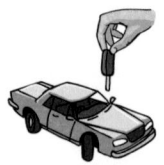

Mietwagen

bérautó

Carsharing

telekocsi

Abschleppwagen

vontató

Müllwagen

szemetes autó

Motor

motor

Kraftstoff

üzemanyag

Tankstelle

benzinkút

Verkehrsschild

közlekedési tábla

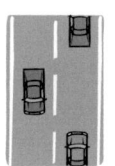

Verkehr

forgalom

Stau

forgalmi dugó

Parkplatz

parkoló

Bahnhof

vonatállomás

Schienen

sínek

Zug

vonat

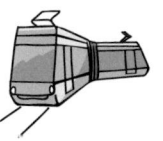

Straßenbahn

villamos

Wagon

vagon

Hubschrauber

helikopter

Flughafen

repülőtér

Tower

torony

Passagier

utas

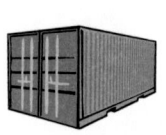

Container

konténer

Karton

kartondoboz

Rollwagen

taliga

Korb

kosár

starten / landen

felszáll / leszáll

Stadt

város

Dorf

falu

Stadtzentrum

városközpont

Haus

ház

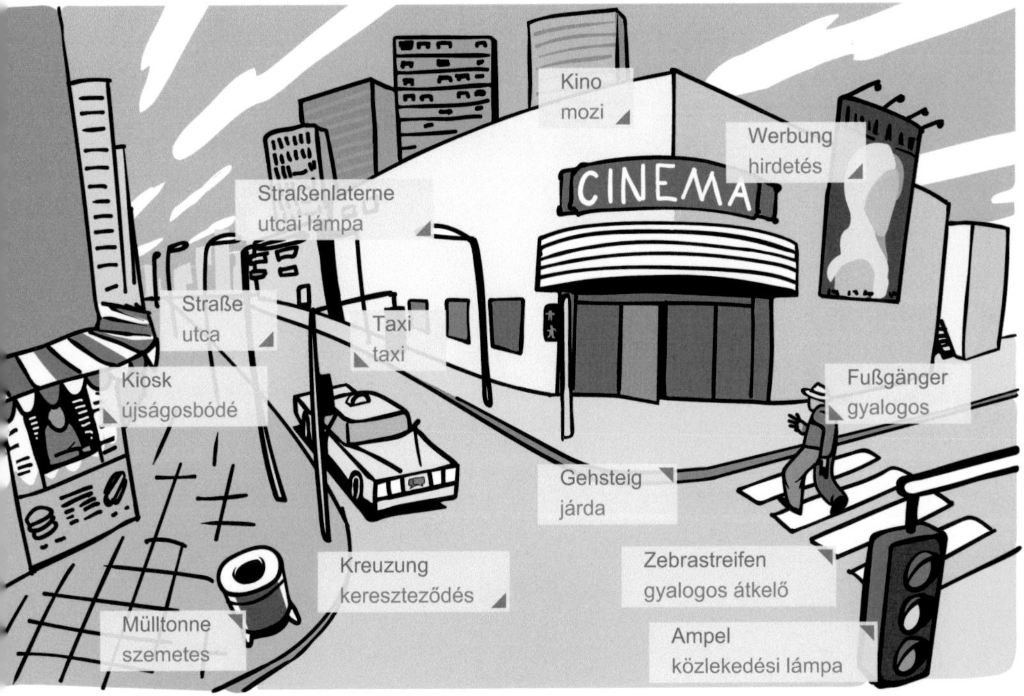

Kino
mozi

Werbung
hirdetés

Straßenlaterne
utcai lámpa

CINEMA

Straße
utca

Taxi
taxi

Kiosk
újságosbódé

Fußgänger
gyalogos

Gehsteig
járda

Kreuzung
kereszteződés

Zebrastreifen
gyalogos átkelő

Mülltonne
szemetes

Ampel
közlekedési lámpa

Hütte

kunyhó

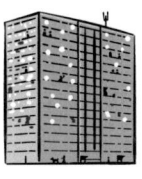

Wohnung

lakás

Bahnhof

vonatállomás

Rathaus

városháza

Museum

múzeum

Schule

iskola

Universität

egyetem

Bank

bank

Spital

kórház

Hotel

hotel

Apotheke

gyógyszertár

Büro

iroda

Buchhandlung

könyvesbolt

Geschäft

üzlet

Blumenladen

virágüzlet

Supermarkt

szupermarket

Markt

piac

Kaufhaus

áruház

Fischhändler

halárus

Einkaufszentrum

bevásárló központ

Hafen

kikötő

Park

park

Bank

pad

Brücke

híd

Stiege

lépcső

U-Bahn

metró

Tunnel

alagút

Bushaltestelle

buszmegálló

Bar

bár

Restaurant

étterem

Briefkasten

postaláda

Straßenschild

utcatábla

Parkuhr

parkoló óra

Zoo

állatkert

Badeanstalt

uszoda

Moschee

mecset

Bauernhof

gazdálkodás

Umweltverschmutzung

környezetszennyezés

Friedhof

temető

Kirche

templom

Spielplatz

játszótér

Tempel

szentély

Landschaft

táj

Blatt / levél

Wegweiser / útjelző tábla

Weg / út

Wiese / rét

Stein / kő

Baum / fa

Wanderer / túrázó

Fluss / folyó

Gras / fű

Blume / virág

Tal

völgy

Hügel

domb

See

tó

Wald

erdő

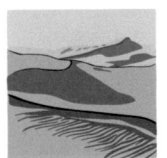

Wüste

sivatag

Vulkan

vulkán

Schloss

kastély

Regenbogen

szivárvány

Pilz

gomba

Palme

pálmafa

Moskito

szúnyog

Fliege

légy

Ameise

hangya

Biene

méhecske

Spinne

pók

Käfer

bogár

Frosch

béka

Eichhörnchen

mókus

Igel

sündisznó

Hase

nyúl

Eule

bagoly

Vogel

madár

Schwan

hattyú

Wildschwein

vaddisznó

Hirsch

szarvas

Elch

rénszarvas

Staudamm

gát

Windrad

szélturbina

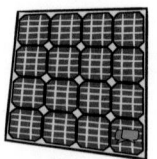

Solarmodul

napelem

Klima

éghajlat

Restaurant
étterem

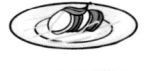

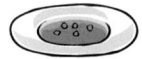

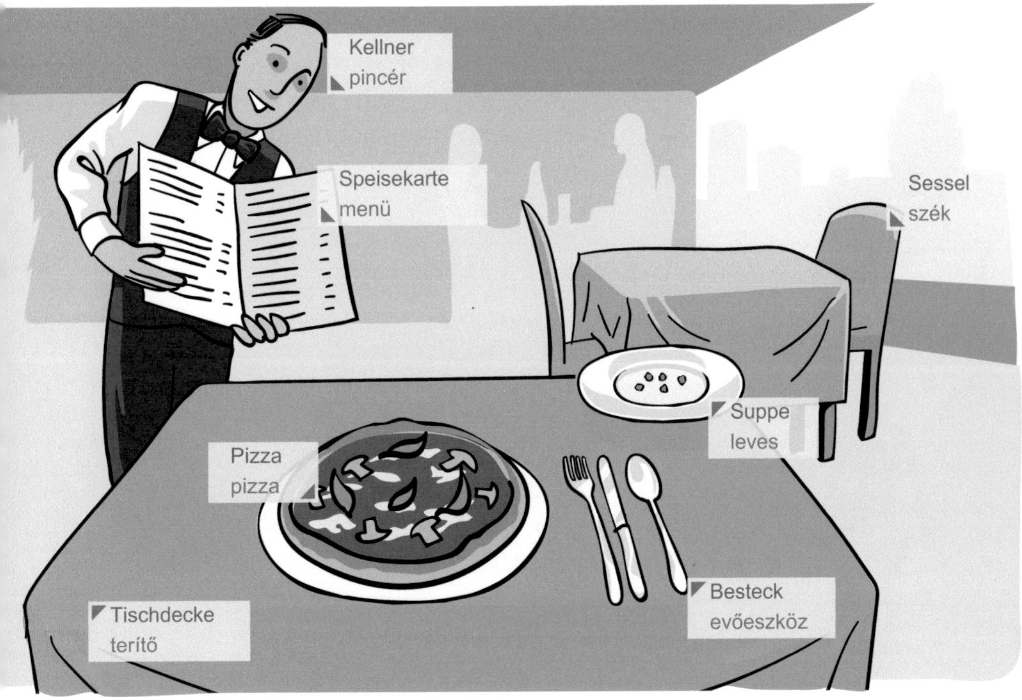

Kellner
pincér
Speisekarte
menü
Sessel
szék
Suppe
leves
Pizza
pizza
Besteck
evőeszköz
Tischdecke
terítő

Vorspeise

előétel

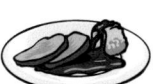

Hauptgericht

főétel

Nachspeise

desszert

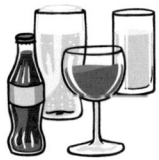

Getränke

italok

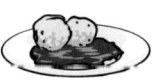

Essen

étel

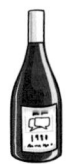

Flasche

üveg

Fastfood
gyorsétel

Streetfood
gyorsétel

Teekanne
teás kanna

Zuckerdose
cukortartó

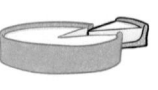

Portion
adag

Espressomaschine
eszpresszógép

Kinderstuhl
bárszék

Rechnung
számla

Tablett
tálca

Messer
kés

Gabel
villa

Löffel
kanál

Teelöffel
teáskanál

Serviette
szalvéta

Glas
pohár

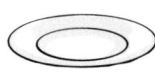

Teller

tányér

Suppenteller

leveses tányér

Untertasse

csészealj

Sauce

szósz

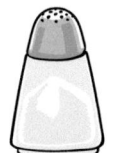

Salzstreuer

sószóró

Pfeffermühle

borsőrlő

Essig

ecet

Öl

étkezési olaj

Gewürze

fűszerek

Ketchup

ketchup

Senf

mustár

Mayonnaise

majonéz

Supermarkt

szupermarket

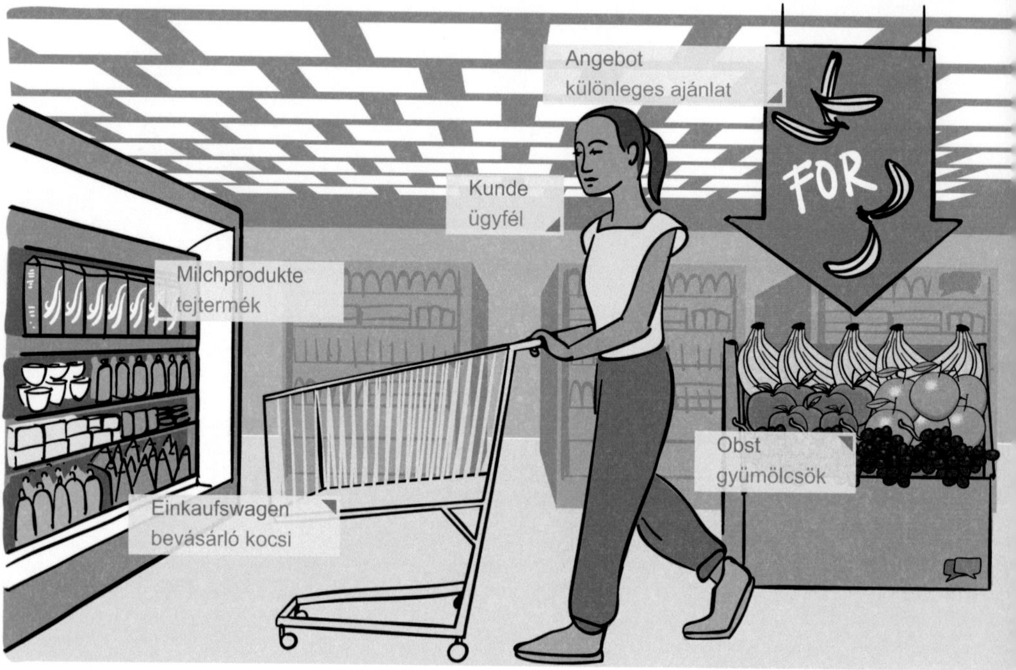

Angebot
különleges ajánlat
FOR
Kunde
ügyfél
Milchprodukte
tejtermék
Obst
gyümölcsök
Einkaufswagen
bevásárló kocsi

BUTCHERS

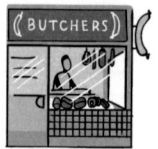

Schlachterei

hentes

BAKERY

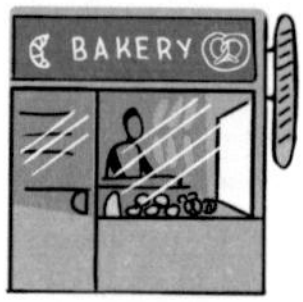

Bäckerei

pékség

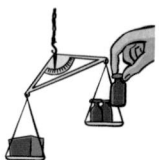

wiegen

nyom valamennyit

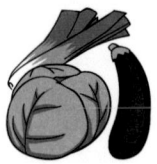

Gemüse

zöldség

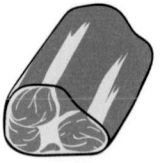

Fleisch

hús

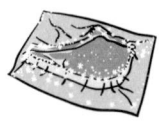

Tiefkühlkost

fagyasztott áru

Aufschnitt

felvágott

Konserven

konzerv

Waschmittel

mosópor

Süßigkeiten

édességek

Haushaltsartikel

háztartási termék

Reinigungsmittel

tisztítószerek

Verkäuferin

eladó

Kassa

pénztárgép

Kassiererin

eladó

Einkaufsliste

bevásárló lista

Öffnungszeiten

nyitva tartás

Brieftasche

levéltárca

Kreditkarte

hitelkártya

Tasche

zacskó

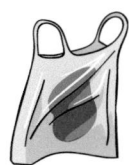

Plastiktüte

műanyag zacskó

Wasser

víz

Saft

gyümölcslé

Milch

tej

Cola

kóla

Wein

bor

Bier

sör

Alkohol

alkohol

Kakao

kakaó

Tee

tea

Kaffee

kávé

Espresso

eszpresszó

Cappuccino

kapucsínó

Banane

banán

Apfel

alma

Orange

narancs

Melone

sárgadinnye

Zitrone

citrom

Karotte

sárgarépa

Knoblauch

fokhagyma

Bambus

bambusz

Zwiebel

hagyma

Pilz

gomba

Nüsse

magvak

Nudeln

nokedli

Spaghetti

spagetti

Reis

rizs

Salat

saláta

Pommes frites

sült krumpli

Bratkartoffeln

sült burgonya

Pizza

pizza

Hamburger

hamburger

Sandwich

szendvics

Schnitzel

hússzelet

Schinken

sonka

Salami

szalámi

Wurst

kolbász

Huhn

csirke

Braten

pecsenye

Fisch

hal

Haferflocken	Müsli	Cornflakes
zabkása	müzli	kukoricapehely

Mehl	Croissant	Semmel
liszt	croissant	zsemle

Brot	Toast	Kekse
kenyér	pirítós kenyér	keksz

Butter	Topfen	Kuchen
vaj	túró	sütemény

Ei	Spiegelei	Käse
tojás	tükörtojás	sajt

Eiscreme

jégkrém

Zucker

cukor

Honig

méz

Marmelade

lekvár

Schokoladenaufstrich

mogyorókrém

Curry

curry

Bauernhof
gazdálkodás

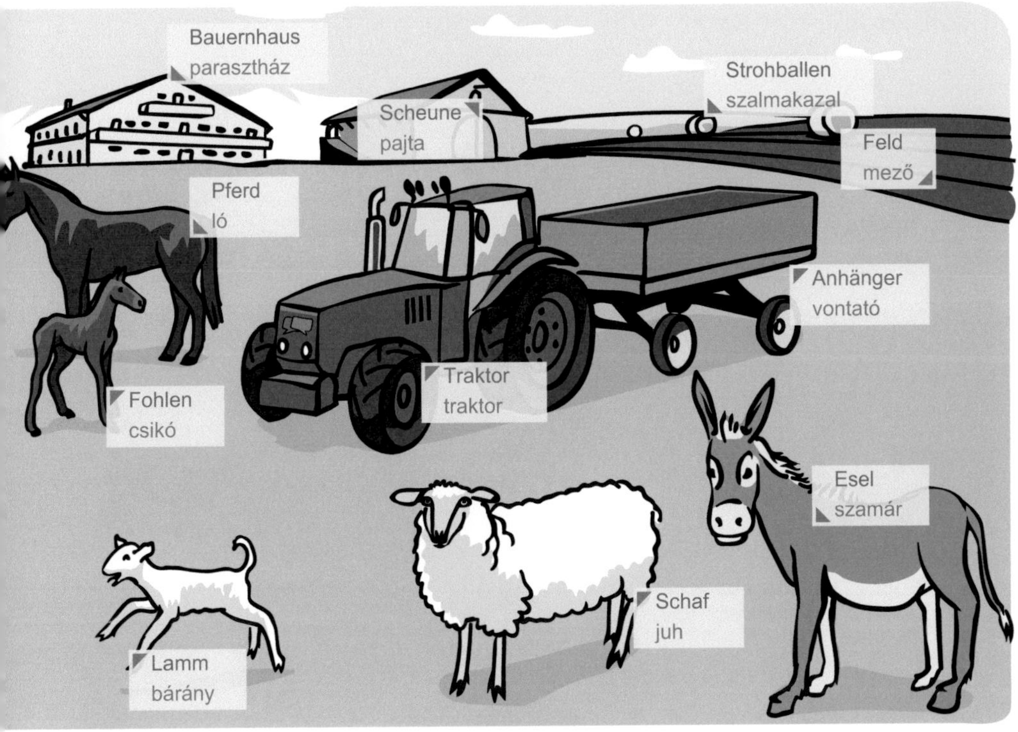
Bauernhaus
parasztház
Scheune
pajta
Strohballen
szalmakazal
Feld
mező
Pferd
ló
Anhänger
vontató
Traktor
traktor
Fohlen
csikó
Esel
szamár
Schaf
juh
Lamm
bárány

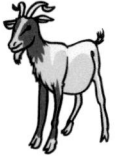

Ziege

kecske

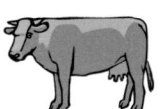

Kuh

tehén

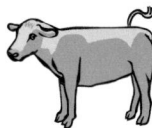

Kalb

borjú

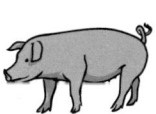

Schwein

malac

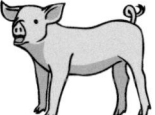

Ferkel

kismalac

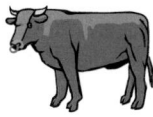

Stier

bika

Gans

liba

Ente

kacsa

Küken

csibe

Huhn

tojó

Hahn

kakas

Ratte

patkány

Katze

macska

Maus

egér

Ochse

ökör

Hund

kutya

Hundehütte

kutyaház

Gartenschlauch

kerti öntözőcső

Gießkanne

öntözőkanna

Sense

kasza

Pflug

eke

Sichel

sarló

Hacke

kapa

Mistgabel

vasvilla

Axt

fejsze

Schubkarre

talicska

Trog

teknő

Milchkanne

tejes kancsó

Sack

zsák

Zaun

kerítés

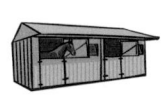

Stall

istálló

Treibhaus

üvegház

Boden

talaj

Saat

vetőmag

Dünger

trágya

Mähdrescher

cséplőgép

ernten

szüretelni

Ernte

betakarítás

Yamswurzel

yamgyökér

Weizen

búza

Soja

szója

Erdapfel

burgonya

Mais

kukorica

Raps

repcemag

Obstbaum

gyümölcsfa

Maniok

manióka

Getreide

gabona

Haus
ház

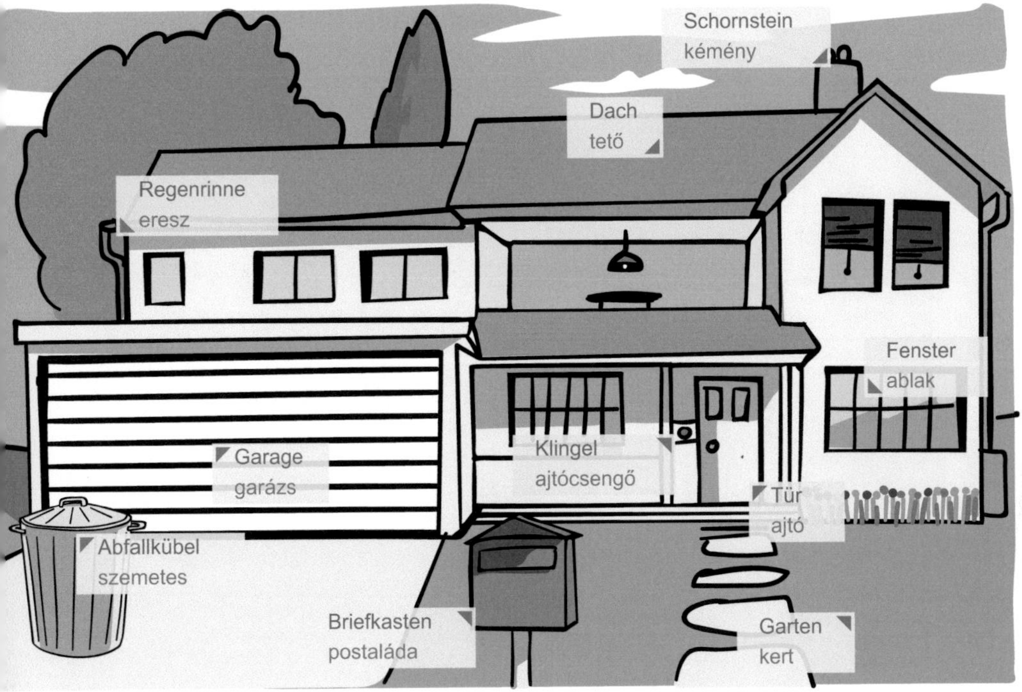

Schornstein
kémény
Dach
tető
Regenrinne
eresz
Fenster
ablak
Klingel
ajtócsengő
Garage
garázs
Tür
ajtó
Abfallkübel
szemetes
Briefkasten
postaláda
Garten
kert

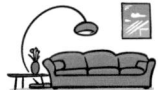

Wohnzimmer
nappali

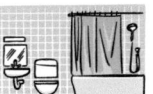

Badezimmer
fürdőszoba

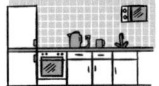

Küche
konyha

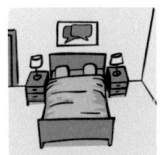

Schlafzimmer
hálószoba

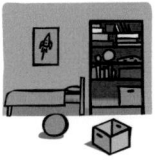

Kinderzimmer
gyerekszoba

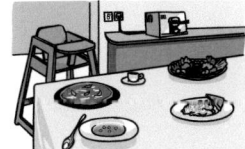

Esszimmer
ebédlő

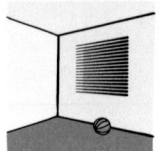

Boden

padló

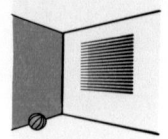

Wand

fal

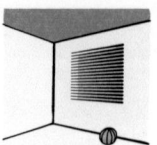

Decke

plafon

Keller

pince

Sauna

szauna

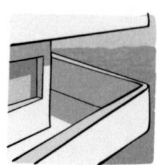

Balkon

erkély

Terrasse

terasz

Schwimmbad

medence

Rasenmäher

fűnyíró

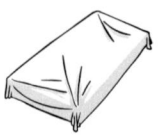

Bettbezug

lepedő

Bettdecke

ágytakaró

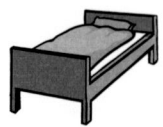

Bett

ágy

Besen

seprű

Kübel

vödör

Schalter

kapcsoló

Wohnzimmer
nappali

Tapete
tapéta
Bild
kép
Lampe
lámpa
Regal
polc
Schrank
szekrény
Fernseher
televízió
Kamin
kandalló
Blume
virág
Polster
párna
Sofa
kanapé
Vase
váza
Fernbedienung
távirányító

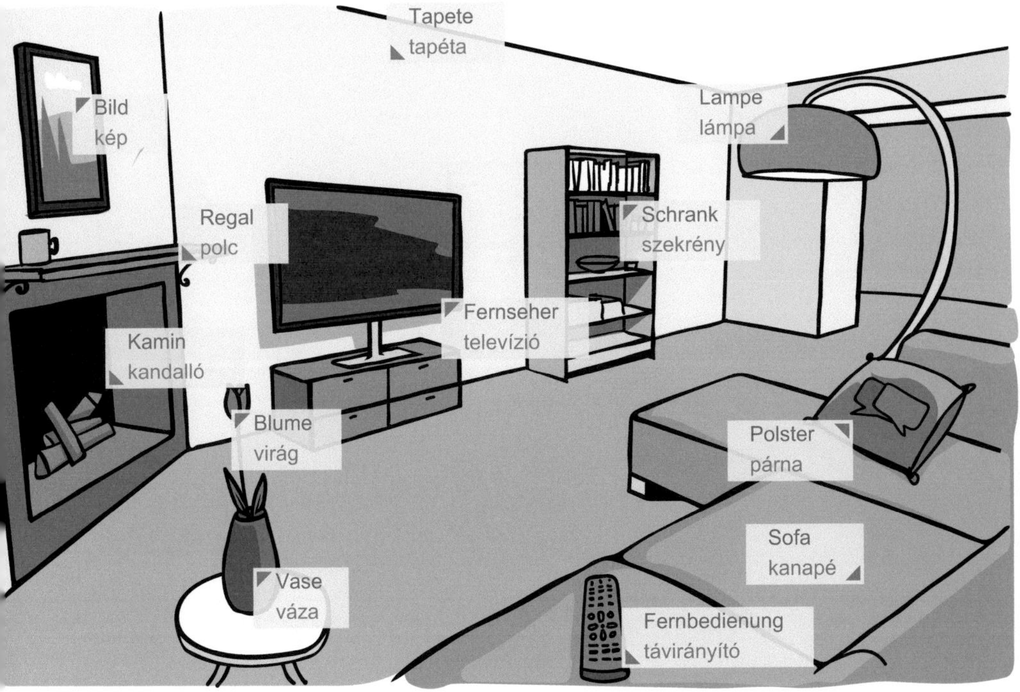

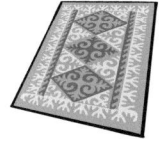

Teppich
szőnyeg

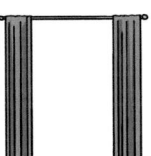

Vorhang
függöny

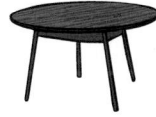

Tisch
asztal

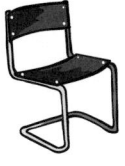

Sessel
szék

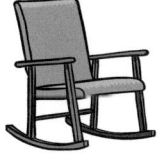

Schaukelstuhl
hintaszék

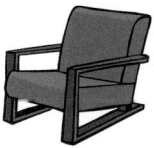

Sessel
karosszék

Buch

könyv

Decke

takaró

Dekoration

dekoráció

Feuerholz

tűzifa

Film

film

Stereoanlage

hifi

Schlüssel

kulcs

Zeitung

újság

Gemälde

festmény

Poster

poszter

Radio

rádió

Notizblock

jegyzetfüzet

Staubsauger

porszívó

Kaktus

kaktusz

Kerze

gyertya

Küche
konyha

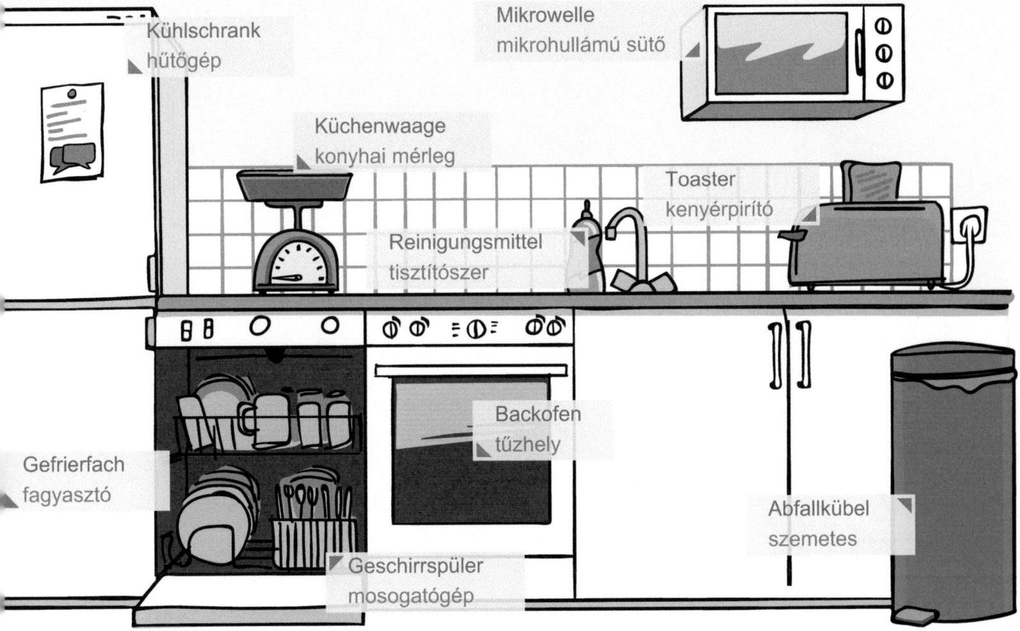
Kühlschrank
hűtőgép
Mikrowelle
mikrohullámú sütő
Küchenwaage
konyhai mérleg
Toaster
kenyérpirító
Reinigungsmittel
tisztítószer
Backofen
tűzhely
Gefrierfach
fagyasztó
Abfallkübel
szemetes
Geschirrspüler
mosogatógép

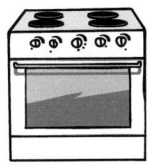

Herd

tűzhely

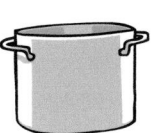

Topf

edény

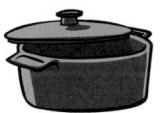

Eisentopf

vasfazék

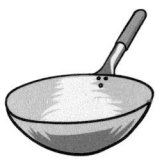

Wok / Kadai

wok / kadai

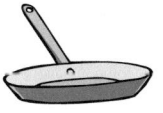

Pfanne

serpenyő

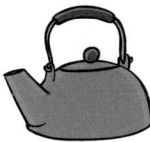

Wasserkocher

vízforraló

Dampfgarer

pároló

Backblech

tepsi

Geschirr

étkészlet

Becher

bögre

Schale

tálka

Essstäbchen

evőpálcika

Schöpflöffel

merőkanál

Pfannenwender

keverőlapátka

Schneebesen

habverő

Kochsieb

szűrő

Sieb

szita

Reibe

reszelő

Mörser

mozsár

Grill

grillsütő

Kaminfeuer

kandalló

Schneidebrett

vágódeszka

Nudelholz

sodrófa

Korkenzieher

dugóhúzó

Dose

doboz

Dosenöffner

konzervnyitó

Topflappen

edényfogó

Waschbecken

mosogató

Bürste

kefe

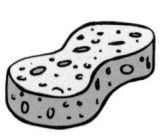

Schwamm

szivacs

Mixer

turmixgép

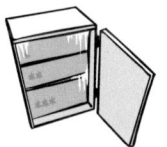

Gefriertruhe

mélyhűtő

Babyflasche

cumisüveg

Wasserhahn

csap

Badezimmer
fürdőszoba

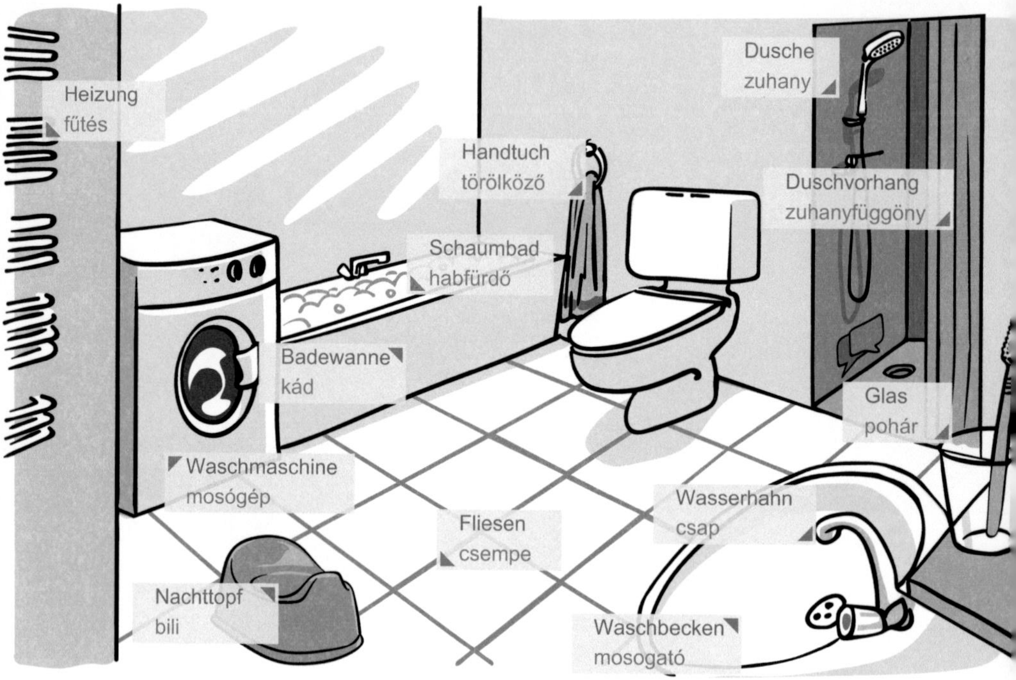

Heizung
fűtés

Dusche
zuhany

Handtuch
törölköző

Duschvorhang
zuhanyfüggöny

Schaumbad
habfürdő

Badewanne
kád

Glas
pohár

Waschmaschine
mosógép

Wasserhahn
csap

Fliesen
csempe

Nachttopf
bili

Waschbecken
mosogató

Klo

toalett

Hocktoilette

guggolós toalett

Bidet

bidé

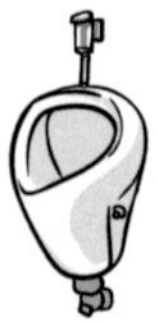

Pissoir

piszoár

Klopapier

toalett papír

Klobürste

wc kefe

Zahnbürste

fogkefe

Zahnpasta

fogkrém

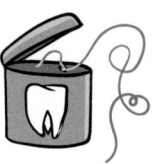

Zahnseide

fogselyem

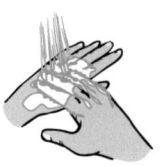

waschen

mosni

Handbrause

kézi zuhany

Intimdusche

intimzuhany

Waschschüssel

mosdótál

Rückenbürste

hátmosó kefe

Seife

szappan

Duschgel

tusfürdő

Shampoo

sampon

Waschlappen

mosdókesztyű

Abfluss

lefolyó

Creme

krém

Deodorant

dezodor

Spiegel

tükör

Kosmetikspiegel

kézitükör

Rasierer

borotva

Rasierschaum

borotvahab

Rasierwasser

borotválkozás utáni
arcszesz

Kamm

fésű

Bürste

hajkefe

Föhn

hajszárító

Haarspray

hajlakk

Makeup

smink

Lippenstift

ajakrúzs

Nagellack

körömlakk

Watte

vatta

Nagelschere

körömvágó olló

Parfum

parfüm

Kulturbeutel

neszesszer

Hocker

sámli

Waage

mérleg

Bademantel

köntös

Gummihandschuhe

gumikesztyű

Tampon

tampon

Damenbinde

egészségügyi betét

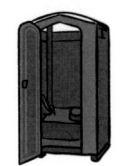

Chemietoilette

vegyi WC

Kinderzimmer
gyerekszoba

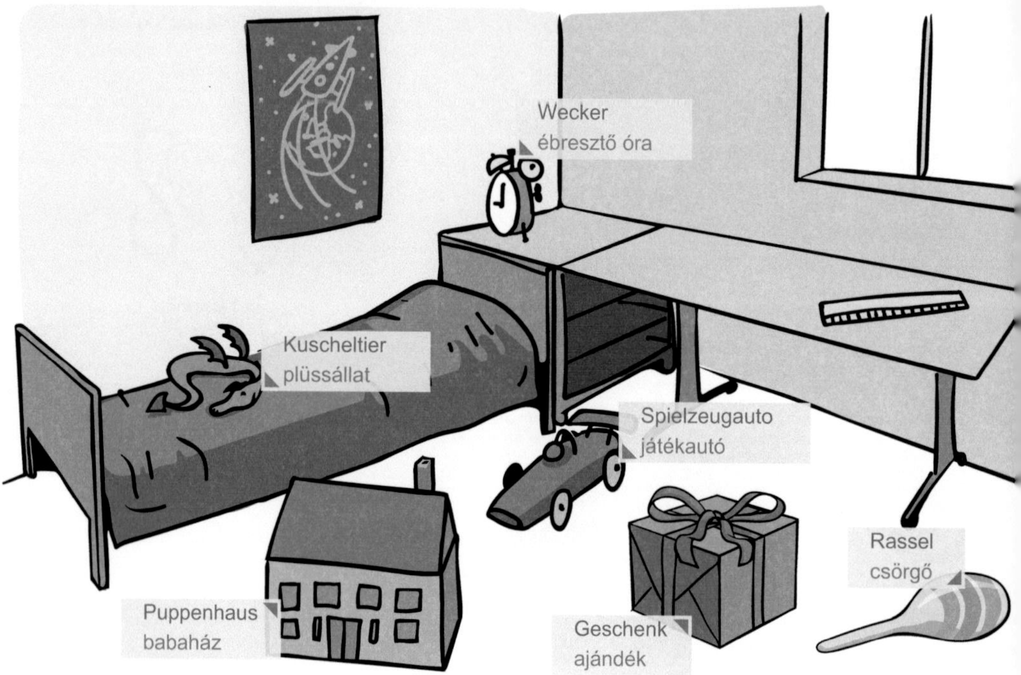
Wecker
ébresztő óra
Kuscheltier
plüssállat
Spielzeugauto
játékautó
Rassel
csörgő
Puppenhaus
babaház
Geschenk
ajándék

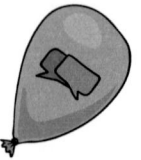

Ballon

lufi

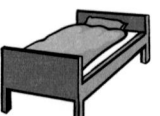

Bett

ágy

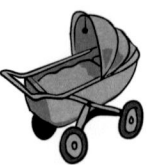

Kinderwagen

babakocsi

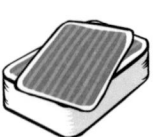

Kartenspiel

kártyapakli

Puzzle

kirakós játék

SUPER
MEGA

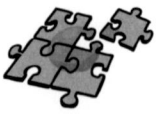

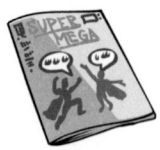

Comic

képregény

Legosteine

építőkockák

Bausteine

építőelem

Actionfigur

szuperhős

Strampelanzug

rugdalózó

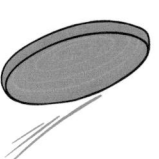

Frisbee

frizbi

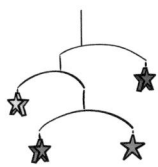

Mobile

zenélő forgó

Brettspiel

társasjáték

Würfel

kocka

Modelleisenbahn

modellvasút

Schnuller

cumi

Party

zsúr

Bilderbuch

képeskönyv

Ball

labda

Puppe

baba

spielen

játszani

Sandkasten

homokozó

Schaukel

hinta

Spielzeug

játékok

Spielkonsole

videójáték konzol

Dreirad

tricikli

Teddy

teddi maci

Kleiderschrank

ruhásszekrény

Kleidung
ruházat

Socken

zokni

Strümpfe

harisnya

Strumpfhose

harisnyanadrág

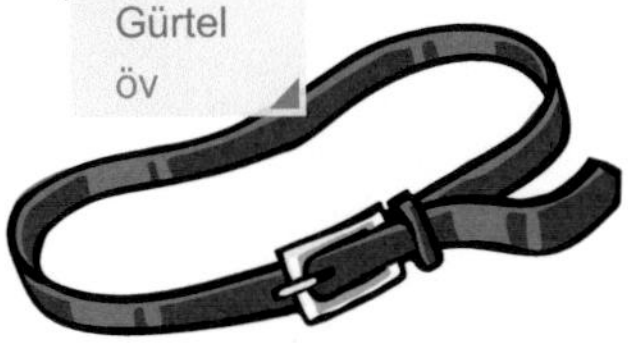

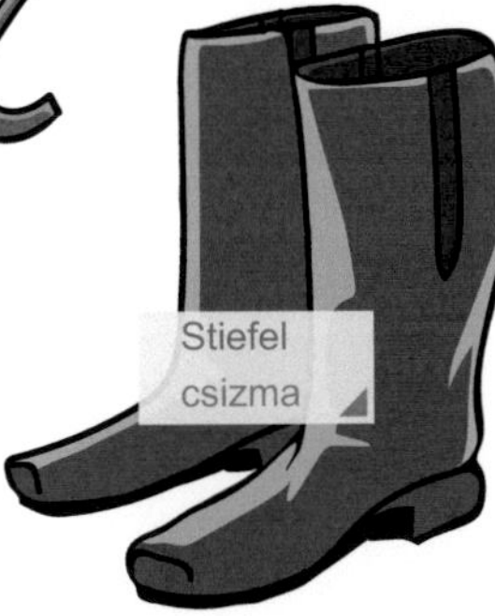

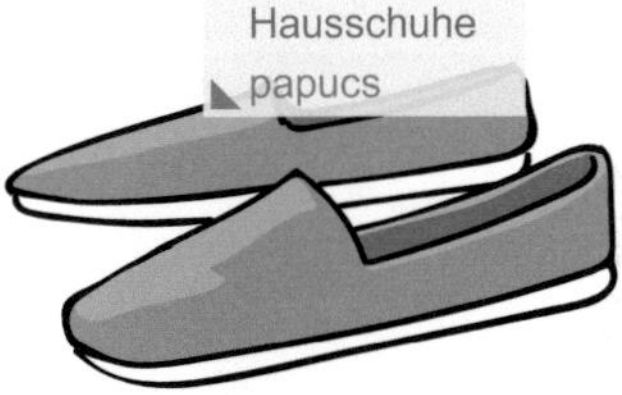

Schal
sál

Regenschirm
esernyő

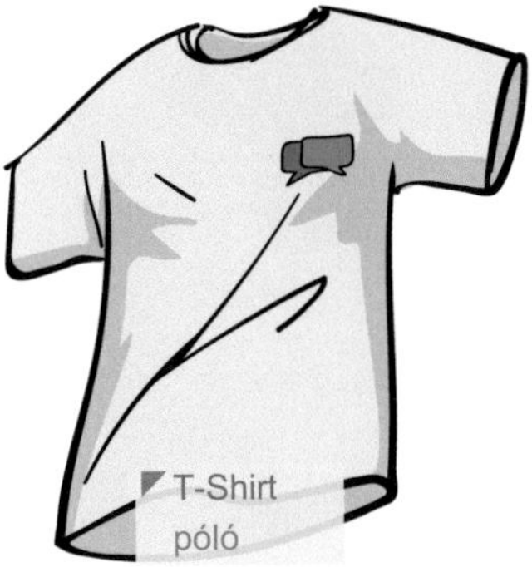

Gürtel
öv

T-Shirt
póló

Turnschuhe
tornacipö

Stiefel
csizma

Hausschuhe
papucs

Sandalen

szandál

Schuhe

cipő

Gummistiefel

gumicsizma

Unterhose

alsónadrág

Büstenhalter

melltartó

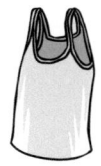

Unterhemd

mellény

Body

body

Hose

nadrág

Jeans

farmer

Rock

szoknya

Bluse

blúz

Hemd

ing

Pullover

pulóver

Kapuzenpullover

kapucnis pulóver

Blazer

blézer

Jacke

dzseki

Mantel

kabát

Regenmantel

esőkabát

Kostüm

kosztüm

Kleid

ruha

Hochzeitskleid

esküvői ruha

Anzug

öltöny

Nachthemd

hálóing

Pyjama

pizsama

Sari

szári

Kopftuch

fejkendő

Turban

turbán

Burka

burka

Kaftan

kaftán

Abaya

abaya

Badeanzug

fürdőruha

Badehose

fürdőnadrág

kurze Hose

rövidnadrág

Jogginganzug

tréningruha

Schürze

kötény

Handschuhe

kesztyű

Knopf

gomb

Brille

szemüveg

Armband

karkötő

Halskette

nyaklánc

Ring

gyűrű

Ohrring

fülbevaló

Mütze

sapka

Kleiderbügel

vállfa

Hut

kalap

Krawatte

nyakkendő

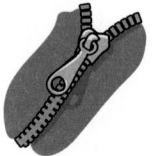

Reißverschluss

cipzár

Helm

bukósisak

Hosenträger

nadrágtartó

Schuluniform

iskolai egyenruha

Uniform

egyenruha

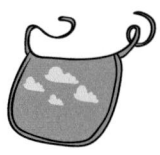

Lätzchen

előke

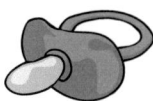

Schnuller

cumi

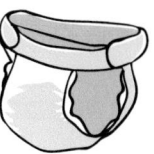

Windel

pelenka

Büro
iroda

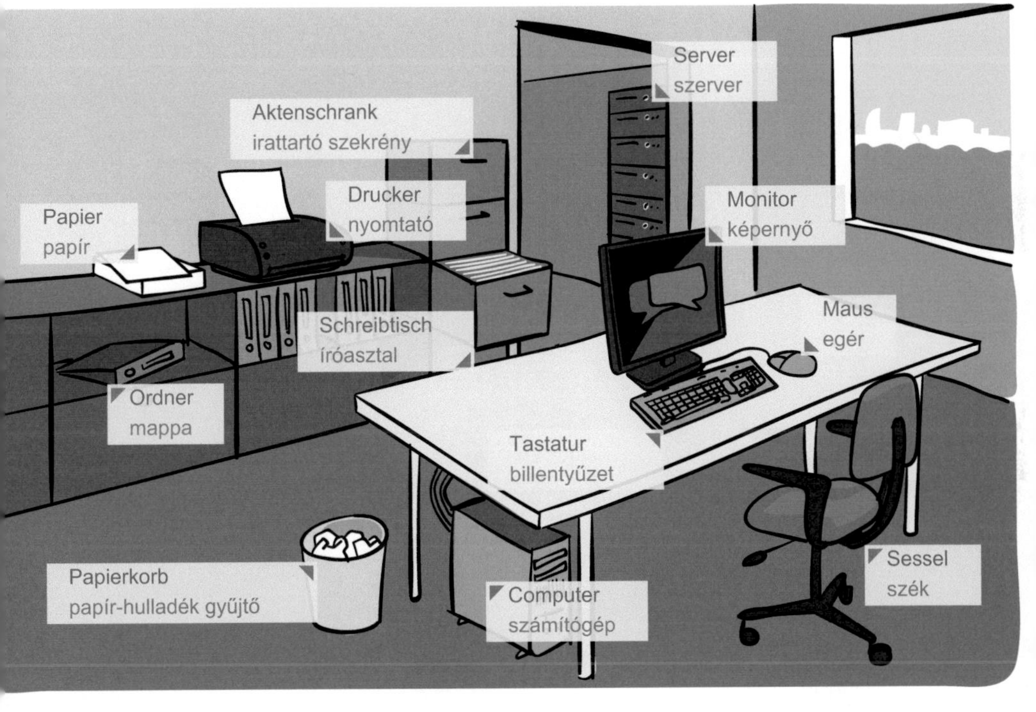

Server
szerver
Aktenschrank
irattartó szekrény
Papier
papír
Drucker
nyomtató
Monitor
képernyő
Maus
egér
Schreibtisch
íróasztal
Ordner
mappa
Tastatur
billentyűzet
Papierkorb
papír-hulladék gyűjtő
Computer
számítógép
Sessel
szék

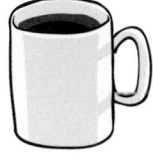

Kaffeebecher

kávéscsésze

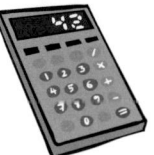

Taschenrechner

számológép

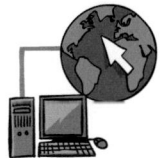

Internet

internet

Laptop

laptop

Brief

levél

Nachricht

üzenet

Handy

mobiltelefon

Netzwerk

hálózat

Kopierer

fénymásoló

Software

szoftver

Telefon

telefon

Steckdose

konnektor

Fax

faxgép

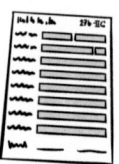

Formular

formanyomtatvány

Dokument

dokumentum

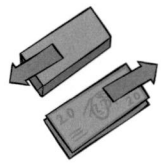

kaufen
venni

bezahlen
fizetni

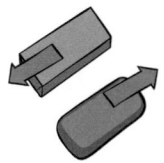

handeln
kereskedni

Geld
pénz

Dollar
dollár

Euro
euró

Yen
jen

Rubel
rubel

Franken
svájci frank

Renminbi Yuan
kínai jüan

Rupie
rúpia

Bankomat
bankautomata

Wechselstube

valutaváltó iroda

Gold

arany

Silber

ezüst

Öl

olaj

Energie

energia

Preis

ár

Vertrag

szerződés

Steuer

adó

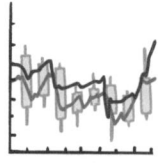

Aktie

részvény

arbeiten

dolgozni

Angestellte

munkavállaló

Arbeitgeber

munkaadó

Fabrik

gyár

Geschäft

üzlet

Berufe
foglalkozások

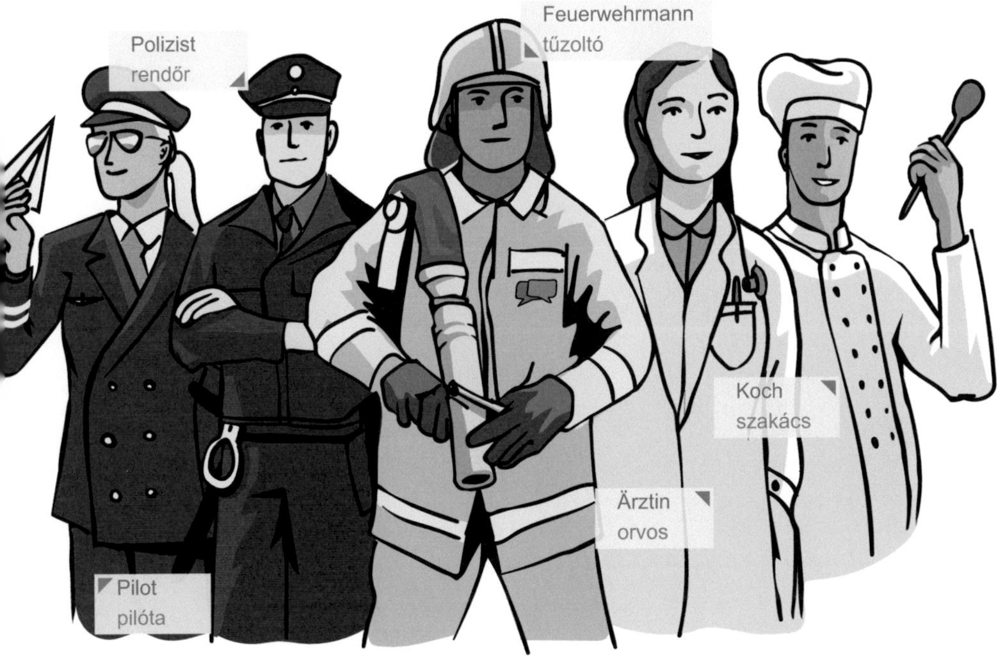

Polizist
rendőr
Feuerwehrmann
tűzoltó
Koch
szakács
Ärztin
orvos
Pilot
pilóta

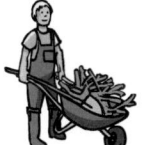

Gärtner

kertész

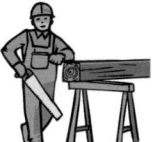

Tischler

kárpitos

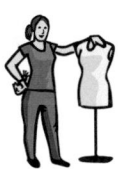

Schneiderin

varrónő

Richter

bíró

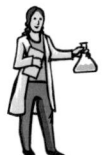

Chemikerin

vegyész

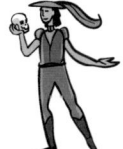

Schauspieler

színész

Busfahrer

buszsofőr

Taxifahrer

taxisofőr

Fischer

halász

Putzfrau

bejárónő

Dachdecker

tetőfedő

Kellner

pincér

Jäger

vadász

Maler

festő

Bäcker

pék

Elektriker

villanyszerelő

Bauarbeiter

építőmunkás

Ingenieur

mérnök

Schlachter

hentes

Installateur

vízvezeték-szerelő

Briefträgerin

postás

Soldat

katona

Architekt

építész

Kassiererin

eladó

Blumenhändlerin

virágos

Friseur

fodrász

Schaffner

kalauz

Mechaniker

műszerész

Kapitän

kapitány

Zahnärztin

fogorvos

Wissenschaftler

tudós

Rabbi

rabbi

Imam

imám

Mönch

szerzetes

Pfarrer

lelkész

Werkzeuge
szerszámok

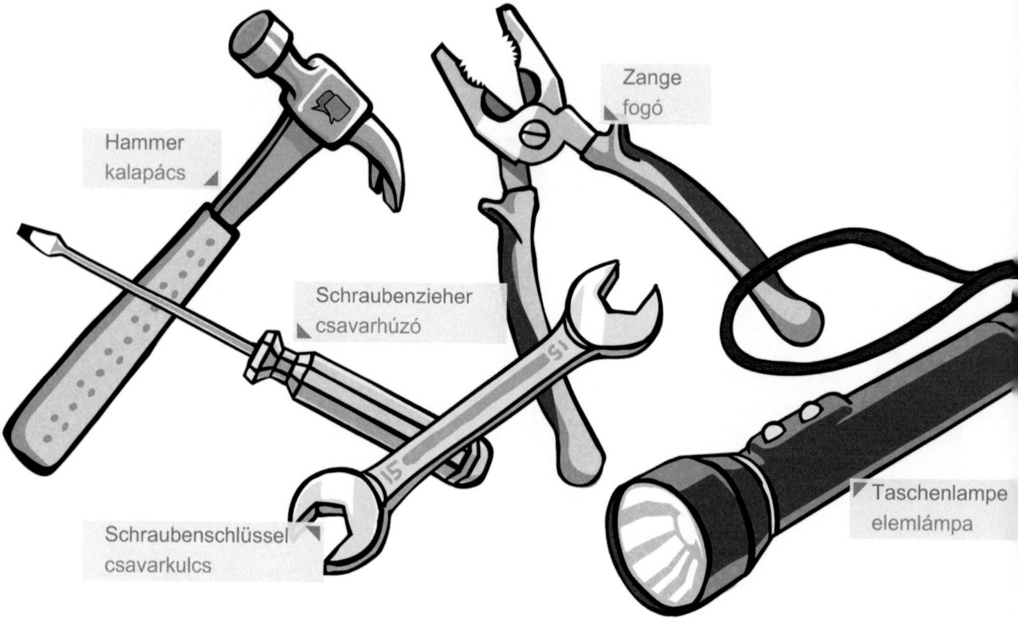

Hammer
kalapács
Zange
fogó
Schraubenzieher
csavarhúzó
Schraubenschlüssel
csavarkulcs
Taschenlampe
elemlámpa

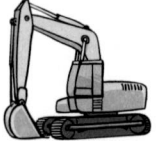

Bagger
markológép

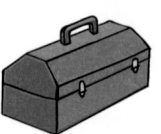

Werkzeugkasten
szerszámosláda

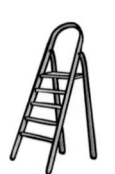

Leiter
vödör

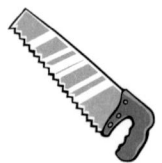

Säge
fűrész

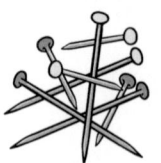

Nägel
szög

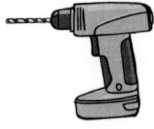

Bohrer
fúrógép

reparieren

megjavítani

Schaufel

lapát

Scheiße!

A francba!

Kehrschaufel

szemétlapát

Farbtopf

festékesdoboz

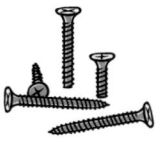

Schrauben

csavar

Musikinstrumente
hangszerek

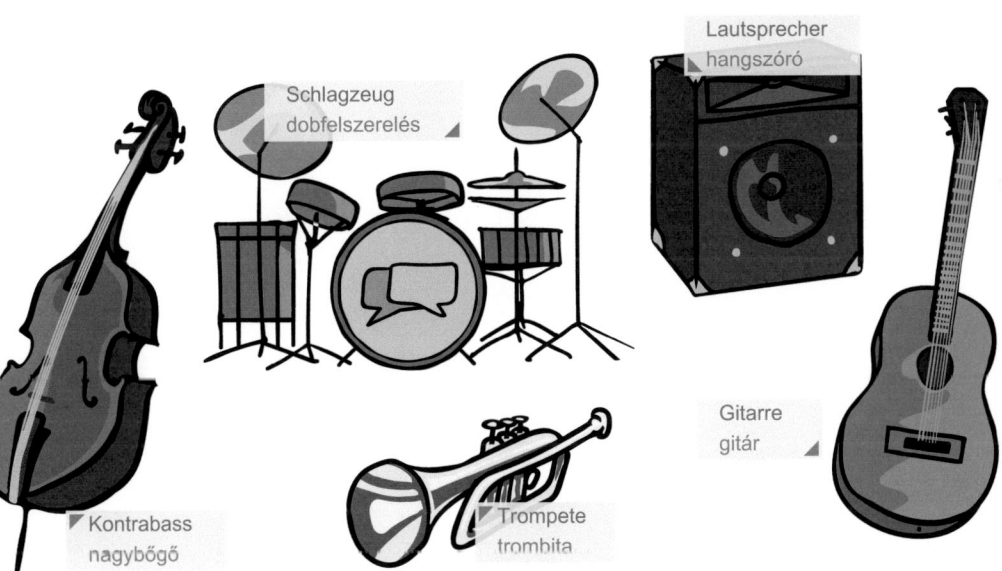

Schlagzeug
dobfelszerelés

Lautsprecher
hangszóró

Gitarre
gitár

Kontrabass
nagybőgő

Trompete
trombita

Klavier

zongora

Violine

hegedű

Bass

basszusgitár

Pauke

üstdob

Trommeln

dobok

Tastatur

digitális zongora

Saxophon

szaxofon

Flöte

fuvola

Mikrofon

mikrofon

Zoo

állatkert

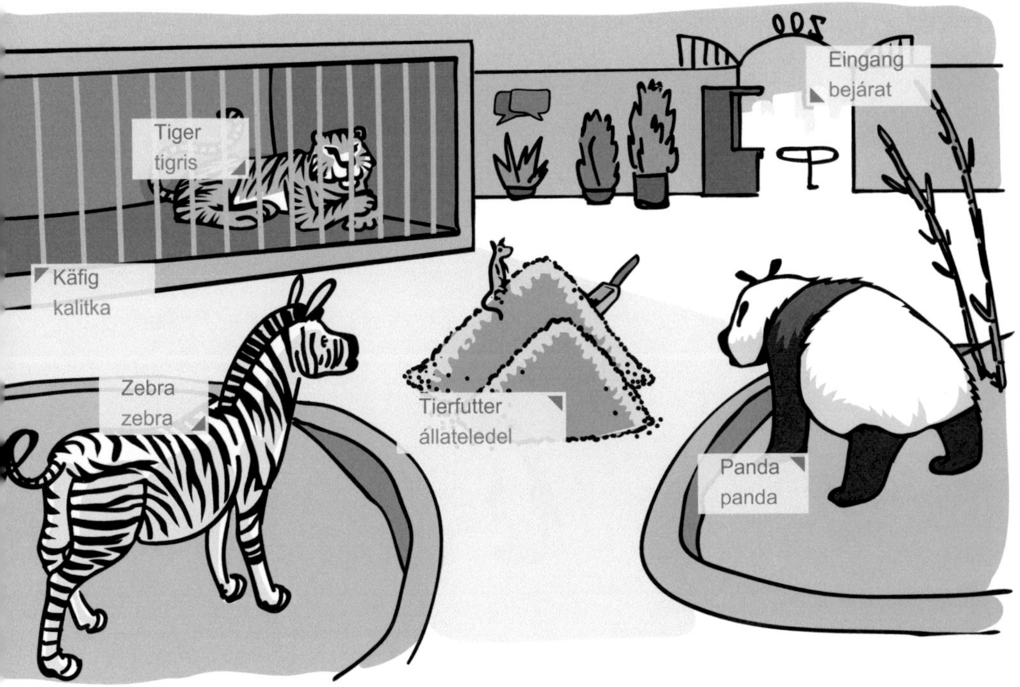

Eingang
bejárat
Tiger
tigris
Käfig
kalitka
Zebra
zebra
Tierfutter
állateledel
Panda
panda

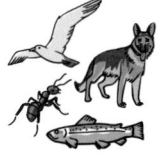

Tiere

állatok

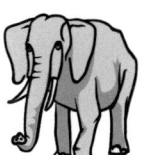

Elefant

elefánt

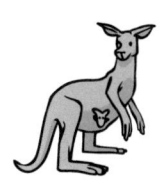

Känguru

kenguru

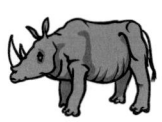

Nashorn

orrszarvú

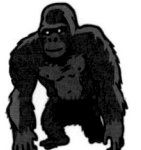

Gorilla

gorilla

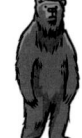

Bär

medve

Kamel

teve

Strauß

strucc

Löwe

oroszlán

Affe

majom

Flamingo

flamingó

Papagei

papagáj

Eisbär

jegesmedve

Pinguin

pingvin

Hai

cápa

Pfau

páva

Schlange

kígyó

Krokodil

krokodil

Zoowärter

állatgondozó

Robbe

fóka

Jaguar

jaguár

Pony

póniló

Leopard

leopárd

Nilpferd

víziló

Giraffe

zsiráf

Adler

sas

Wildschwein

vaddisznó

Fisch

hal

Schildkröte

teknős

Walross

rozmár

Fuchs

róka

Gazelle

gazella

American Football
amerikai futball

Radfahren
kerékpározás

Tennis
tenisz

Basketball
kosárlabda

Schwimmen
úszás

Boxen
boksz

Eishockey
jégkorong

Fußball
futball

Badminton
tollas

Leichtathletik
atlétika

Handball
kézilabda

Skifahren
síelés

Polo
lovaspóló

Aktivitäten
tevékenységek

lachen
nevetni
springen
ugrani
umarmen
ölelni
gehen
sétálni
singen
énekelni
träumen
álmodni
beten
dicsérni
küssen
csókolni

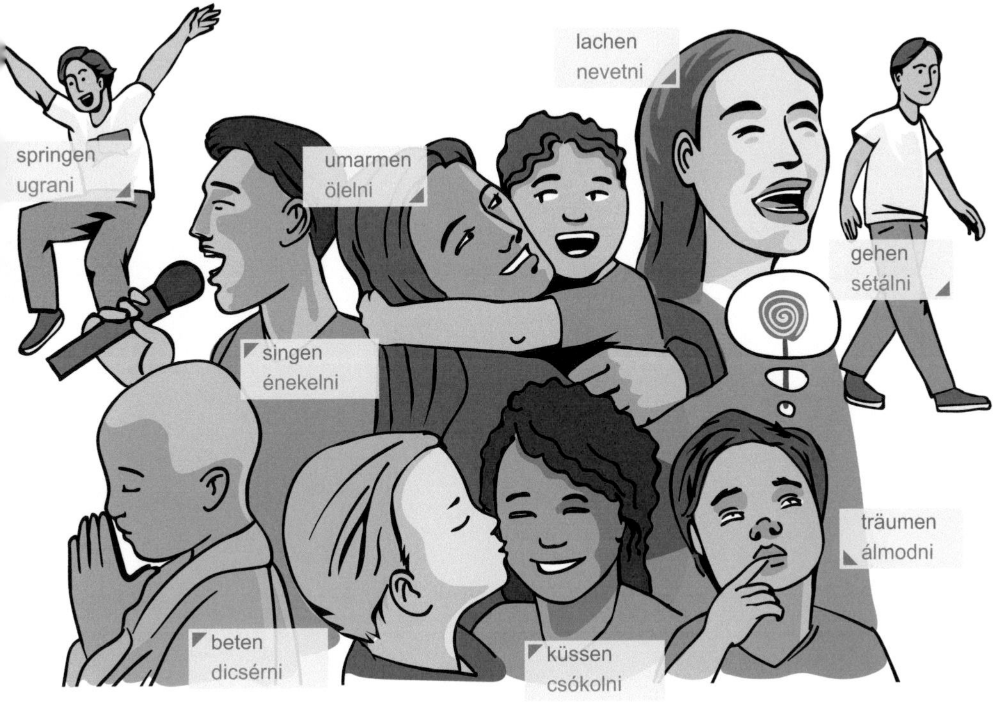

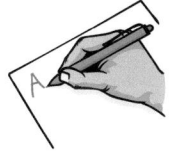

schreiben

írni

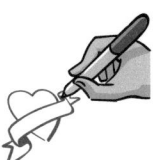

zeichnen

rajzolni

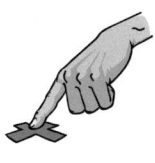

zeigen

mutatni

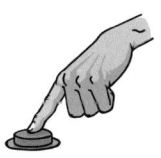

drücken

tolni

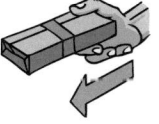

geben

adni

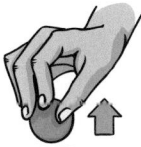

nehmen

vinni

haben
birtokolni

machen
csinálni

sein
lenni

stehen
állni

laufen
futni

ziehen
húzni

werfen
hajít

fallen
esni

liegen
hazudni

warten
várni

tragen
vinni

sitzen
ülni

anziehen
felvenni

schlafen
aludni

aufwachen
felébredni

ansehen

ránézni

weinen

sírni

streicheln

simogat

frisieren

fésülni

reden

beszélni

verstehen

megérteni

fragen

kérdezni

hören

hallgatni

trinken

inni

essen

enni

zusammenräumen

takarítani

lieben

szeretni

kochen

főzni

fahren

vezetni

fliegen

szállni

segeln
vitorlázni

rechnen
számol

lesen
olvasni

lernen
tanulni

arbeiten
dolgozni

heiraten
házasodni

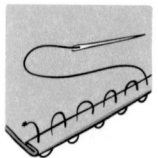

nähen
varrni

Zähne putzen
fogat mosni

töten
ölni

rauchen
dohányozni

senden
küldeni

Familie
család

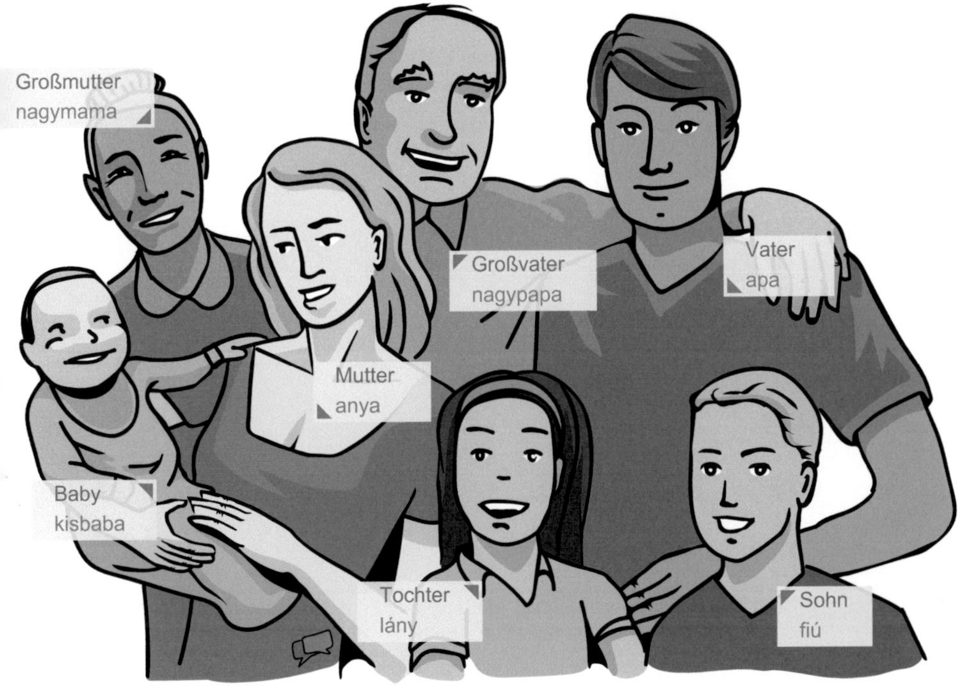
Großmutter
nagymama
Großvater
nagypapa
Vater
apa
Mutter
anya
Baby
kisbaba
Tochter
lány
Sohn
fiú

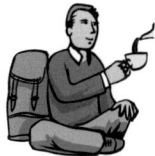

Gast

vendég

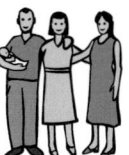

Tante

nagynéni

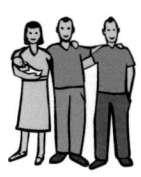

Onkel

nagybácsi

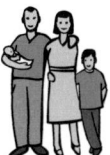

Bruder

fiútestvér

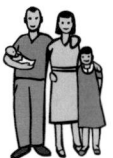

Schwester

lánytestvér

Körper
test

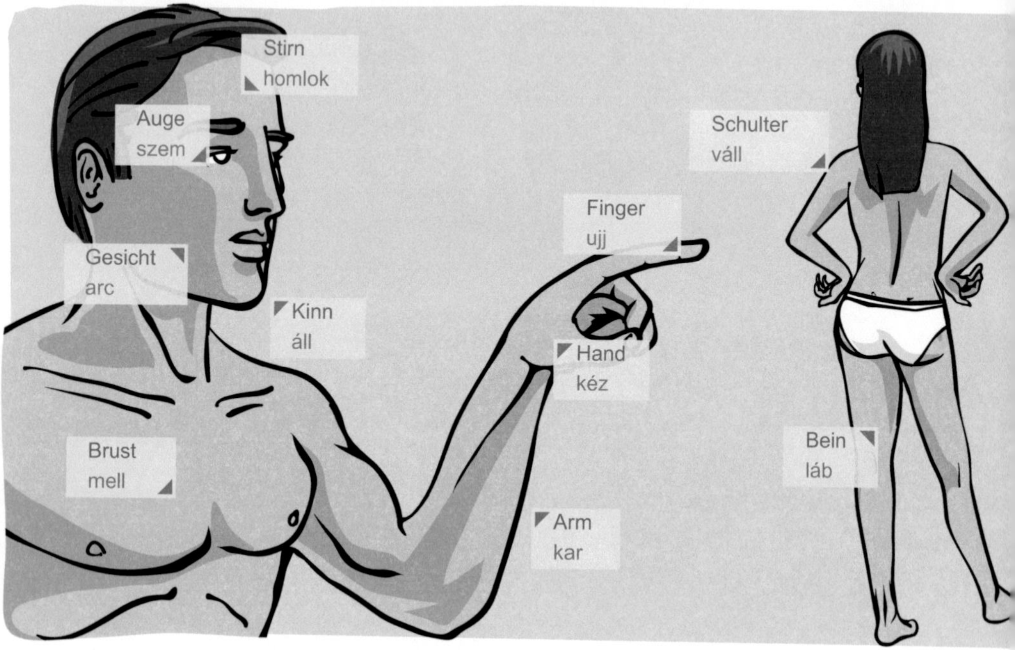

Stirn
homlok

Auge
szem

Schulter
váll

Finger
ujj

Gesicht
arc

Kinn
áll

Hand
kéz

Brust
mell

Bein
láb

Arm
kar

Baby

kisbaba

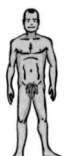

Mann

ember

Frau

nő

Mädchen

lány

Junge

fiú

Kopf

fej

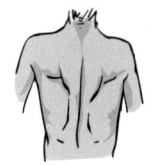

Rücken

hát

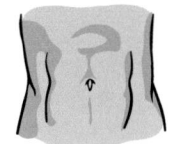

Bauch

has

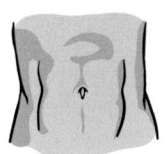

Nabel

köldök

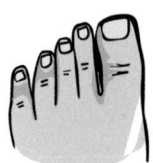

Zeh

lábujj

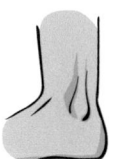

Ferse

sarok

Knochen

csont

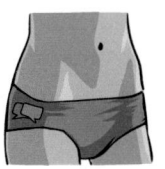

Hüfte

csípő

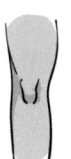

Knie

térd

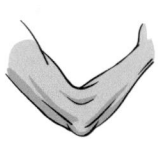

Ellbogen

könyök

Nase

orr

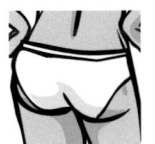

Gesäß

fenék

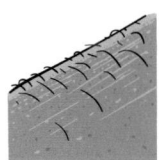

Haut

bőr

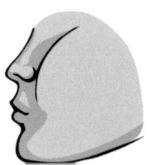

Wange

orca

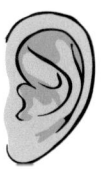

Ohr

fül

Lippe

ajak

Mund

száj

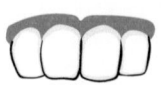

Zahn

fog

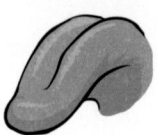

Zunge

nyelv

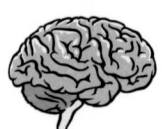

Gehirn

agy

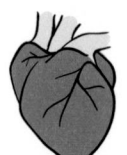

Herz

szív

Muskel

izom

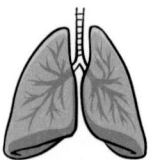

Lunge

tüdő

Leber

máj

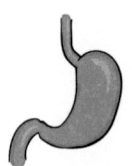

Magen

gyomor

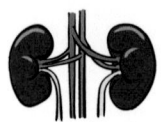

Nieren

vese

Geschlechtsverkehr

szex

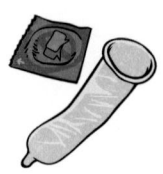

Kondom

kondom

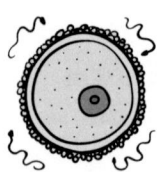

Eizelle

petesejt

Sperma

sperma

Schwangerschaft

terhesség

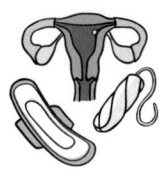

Menstruation

menstruáció

Vagina

vagina

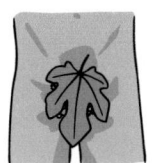

Penis

pénisz

Augenbraue

szemöldök

Haar

haj

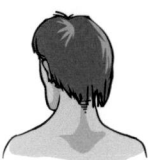

Hals

nyak

Spital
kórház

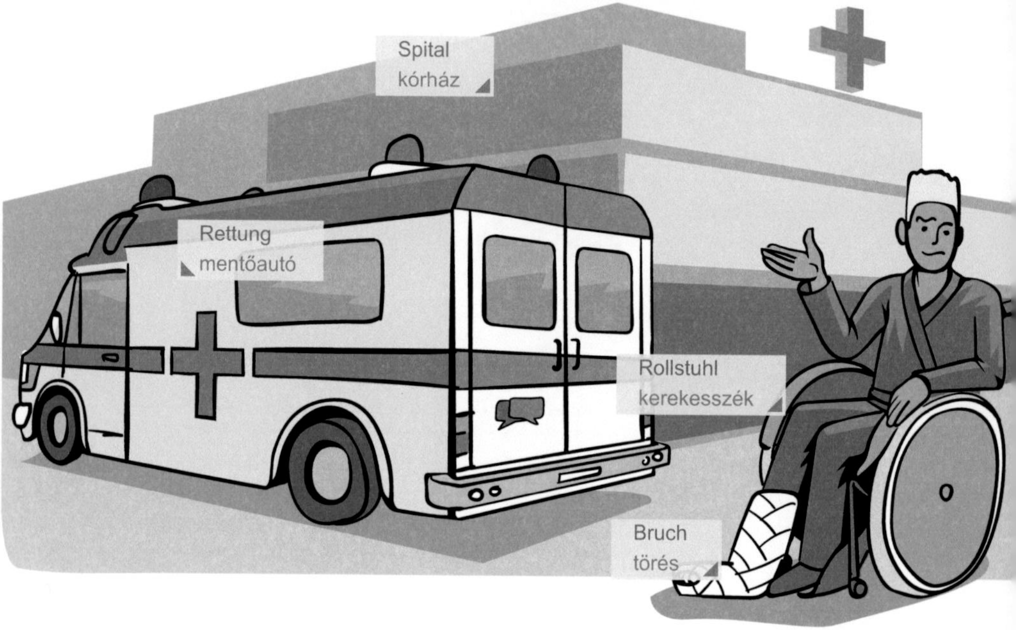

Spital
kórház
Rettung
mentőautó
Rollstuhl
kerekesszék
Bruch
törés

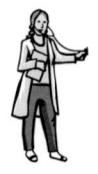

Ärztin

orvos

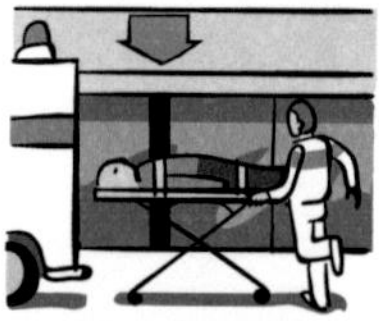

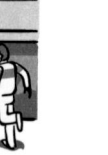

Notaufnahme

sürgősségi osztály

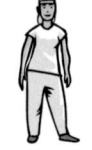

Krankenschwester

ápoló

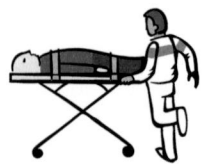

Notfall

vészhelyzet

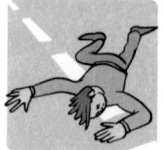

ohnmächtig

eszméletlen

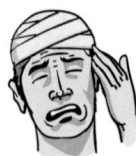

Schmerz

fájdalom

Verletzung

sérülés

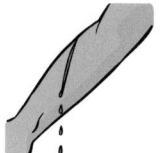

Blutung

vérzés

Herzinfarkt

szívroham

Schlaganfall

szélütés

Allergie

allergia

Husten

köhögés

Fieber

láz

Grippe

influenza

Durchfall

hasmenés

Kopfschmerzen

fejfájás

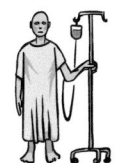

Krebs

rák

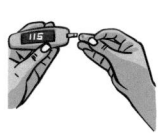

Diabetes

cukorbetegség

Chirurg

sebész

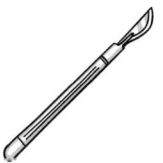

Skalpell

szike

Operation

műtét

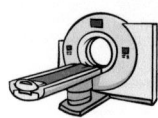

CT

CT

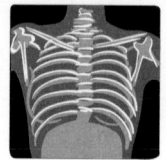

Röntgen

röntgen

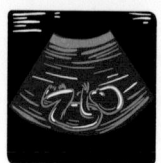

Ultraschall

ultrahang

Maske

arcmaszk

Krankheit

betegség

Wartezimmer

váróterem

Krücke

mankó

Pflaster

sebtapasz

Verband

kötszer

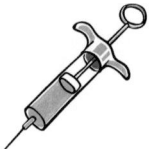

Injektion

injekció

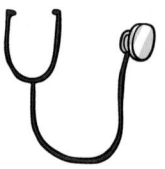

Stethoskop

sztetoszkóp

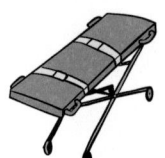

Trage

hordágy

Thermometer

klinikai hőmérő

Geburt

születés

Übergewicht

túlsúly

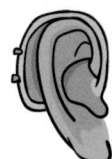

Hörgerät

hallókészülék

Desinfektionsmittel

fertőtlenítőszer

Infektion

fertőzés

Virus

vírus

HIV / AIDS

HIV/AIDS

Medizin

orvosság

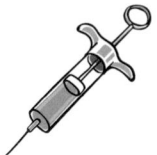

Impfung

oltás

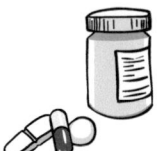

Tabletten

tabletták

Pille

tabletta

Notruf

sürgősségi hívás

Blutdruckmesser

vérnyomásmérő

krank / gesund

betegség / egészség

Hilfe!

Segítség!

Alarm

riasztás

Überfall

rajtaütés

Angriff

támadás

Gefahr

veszély

Notausgang

vészkijárat

Feuer!

tűz!

Feuerlöscher

tűzoltókészülék

Unfall

baleset

Erste-Hilfe-Koffer

elsősegélycsomag

SOS

SOS

Polizei

rendőrség

Europa

Európa

Nordamerika

Észak-Amerika

Südamerika

Dél-Amerika

Afrika

Afrika

Asien

Ázsia

Australien

Ausztrália

Atlantik

Atlanti-óceán

Pazifik

Csendes-óceán

Indische Ozean

Indiai-óceán

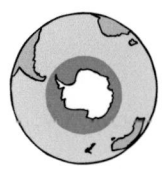

Antarktische Ozean

Déli-óceán

Arktische Ozean

Jeges-tenger

Nordpol

Északi-sark

Südpol

Déli-sark

Antarktis

Antarktisz

Erde

föld

Land

szárazföld

Meer

tenger

Insel

sziget

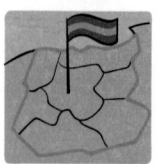

Nation

nemzet

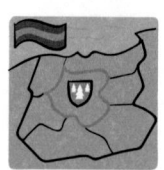

Staat

állam

Ziffernblatt

számlap

Stundenzeiger

kismutató

Minutenzeiger

nagymutató

Sekundenzeiger

másodpercmutató

Wie spät ist es?

Mennyi az idő?

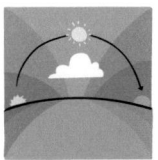

Tag

nap

Zeit

idő

jetzt

most

Digitaluhr

digitális óra

Minute

perc

Stunde

óra

Woche
hét

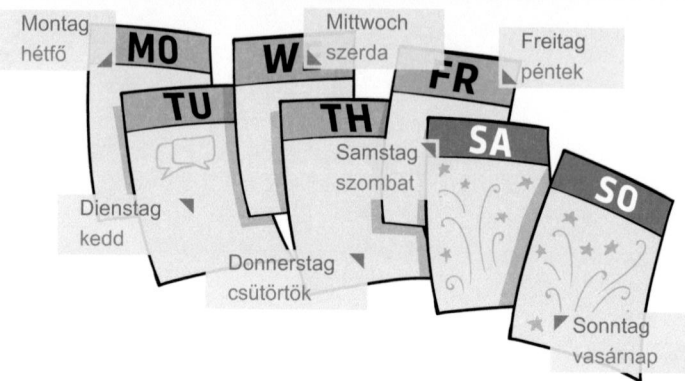

Montag
hétfő

Mittwoch
szerda

Freitag
péntek

Dienstag
kedd

Samstag
szombat

Donnerstag
csütörtök

Sonntag
vasárnap

gestern

tegnap

heute

ma

morgen

holnap

Morgen

reggel

Mittag

dél

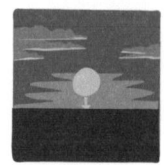

Abend

este

MO	TU	WE	TH	FR	SA	SU
1	2	3	4	5	6	7
8	9	10	11	12	13	14
15	16	17	18	19	20	21
22	23	24	25	26	27	28
29	30	31	1	2	3	4

Arbeitstage

hétköznap

MO	TU	WE	TH	FR	SA	SU
1	2	3	4	5	6	7
8	9	10	11	12	13	14
15	16	17	18	19	20	21
22	23	24	25	26	27	28
29	30	31	1	2	3	4

Wochenende

hétvége

Regen
eső

Regenbogen
szivárvány

Schnee
hó

Wind
szél

Frühling
tavasz

Herbst
ősz

Sommer
nyár

Winter
tél

4. APRIL	11°
5. APRIL	4°
6. APRIL	13°
7. APRIL	8°
8. APRIL	10°

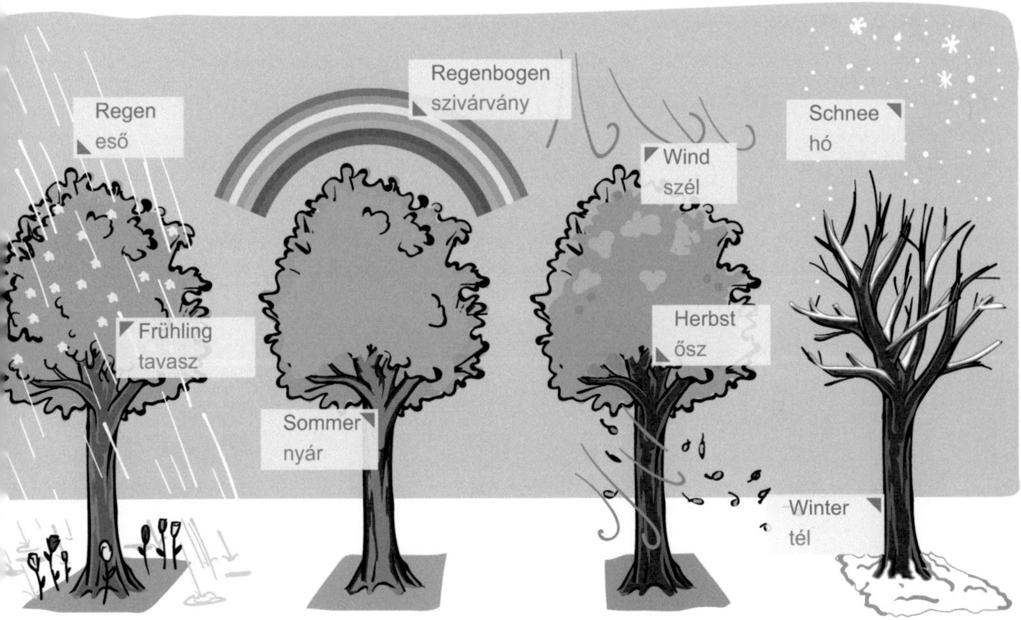

Wettervorhersage

időjárás előrejelzés

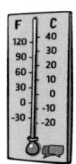

Thermometer

hőmérő

Sonnenschein

napsütés

Wolke

felhő

Nebel

köd

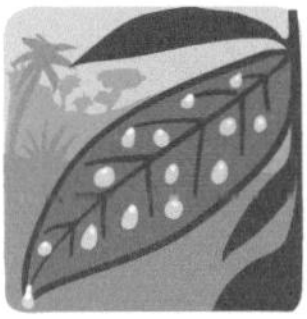

Luftfeuchtigkeit

páratartalom

Blitz

villámlás

Donner

mennydörgés

Sturm

vihar

Hagel

jégeső

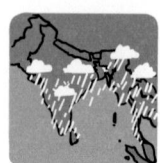

Monsun

monszun

Flut

áradás

Eis

jég

Jänner

január

Februar

február

März

március

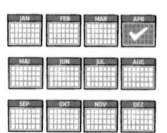

April

április

Mai

május

Juni

június

Juli

július

August

augusztus

September
....
szeptember

Oktober
....
október

November
....
november

Dezember
....
december

Formen
alakzatok

Kreis
....
kör

Quadrat
....
négyzet

Rechteck
....
téglalap

Dreieck
....
háromszög

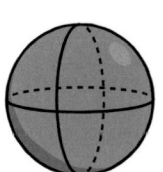

Kugel
....
gömb

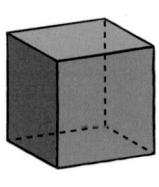

Würfel
....
kocka

weiß

fehér

gelb

sárga

orange

narancs

pink

rózsaszín

rot

piros

lila

lila

blau

kék

grün

zöld

braun

barna

grau

szürke

schwarz

fekete

viel / wenig

sok / kevés

wütend / friedlich

mérges / nyugodt

hübsch / hässlich

szép / csúnya

Anfang / Ende

kezdet / vég

groß / klein

nagy / kicsi

hell / dunkel

világos / sötét

Bruder / Schwester

fivér / nővér

sauber / schmutzig

tiszta / koszos

vollständig / unvollständig

teljes / nem teljes

Tag / Nacht

nappal / éjszaka

tot / lebendig

halott / élő

breit / schmal

széles / keskeny

genießbar / ungenießbar

ehető / nem ehető

böse / freundlich

gonosz / kedves

aufgeregt / gelangweilt

izgatott / unott

dick / dünn

kövér / vékony

zuerst / zuletzt

első / utolsó

Freund / Feind

barát / ellenség

voll / leer

teli / üres

hart / weich

kemény / puha

schwer / leicht

nehéz / könnyű

Hunger / Durst

éhség / szomjúság

krank / gesund

betegség / egészség

illegal / legal

illegális / legális

gescheit / dumm

intelligens / buta

links / rechts

bal / jobb

nah / fern

közel / távol

neu / gebraucht

új / használt

nichts / etwas

semmi / valami

alt / jung

idős / fiatal

an / aus

be / ki

offen / geschlossen

nyitva / zárva

leise / laut

csendes / hangos

reich / arm

gazdag / szegény

richtig / falsch

helyes / helytelen

rau / glatt

érdes / sima

traurig / glücklich

szomorú / vidám

kurz / lang

rövid / hosszú

langsam / schnell

lassú / gyors

nass / trocken

nedves / száraz

warm / kühl

meleg / hideg

Krieg / Frieden

háború / béke

0
null
nulla

1
eins
egy

2
zwei
kettő

3
drei
három

4
vier
négy

5
fünf
öt

6
sechs
hat

7
sieben
hét

8
acht
nyolc

9
neun
kilenc

10
zehn
tíz

11
elf
tizenegy

12	**13**	**14**
zwölf	dreizehn	vierzehn
tizenkettő	tizenhárom	tizennégy

15	**16**	**17**
fünfzehn	sechzehn	siebzehn
tizenöt	tizenhat	tizenhét

18	**19**	**20**
achtzehn	neunzehn	zwanzig
tizennyolc	tizenkilenc	húsz

100	**1.000**	**1.000.000**
hundert	tausend	Million
száz	ezer	millió

Englisch

angol

Amerikanisches Englisch

amerikai angol

Chinesisch (Mandarin)

mandarin kínai

Hindi

hindi

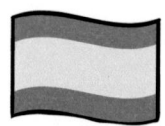

Spanisch

spanyol

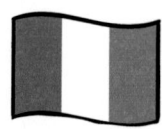

Französisch

francia

Arabisch

arab

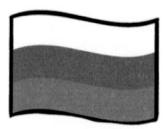

Russisch

orosz

Portugiesisch

portugál

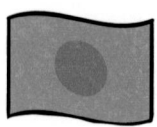

Bengalisch

bengáli

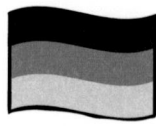

Deutsch

német

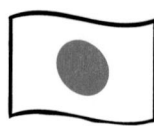

Japanisch

japán

ich

én

du

te

er / sie / es

ő

wir

mi

ihr

ti

sie

ők

Wer?

ki?

Was?

mi?

Wie?

hogyan?

Wo?

hol?

Wann?

mikor?

HELLO, I AM

Name

név

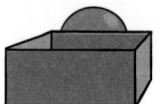

hinter

mögött

in

benne

vor

előtte

über

felette

auf

rajta

unter

alatta

neben

mellett

zwischen

között

Ort

hely